LIVRO DE ANOTAÇÕES
Rosângela Cremaschi

Com **101** *Dicas de* **Português**

Apresentação

Não há realização na história da humanidade que não tenha passado por rabiscos e anotações, seja nas pinturas rupestres, nas ideias de Sun Tzu ou no protótipo de helicóptero de Leonardo Da Vinci, o homem sempre anotou seus feitos e planejou suas novas conquistas. Nós podemos fazer tudo isso escrevendo de maneira correta e, por isso, idealizamos esse livro de anotações com as principais dicas de Português. Nele, a autora Rosângela Cremaschi contempla orientações fundamentais da nossa Língua Portuguesa com base em uma seleção de palavras que são verdadeiras armadilhas na hora de escrever.

De forma prática, eficiente e sem complicações, este livro de anotações traz dicas que serão de grande valia na hora de escrever.

"Ao encontro de" / "De encontro a"

Se você pensar de forma semelhante a outra pessoa, diga a ela: "Suas ideias vêm ao encontro das minhas." Se você disser: "Suas ideias vêm de encontro às minhas.", você estará dizendo que vocês têm opiniões diferentes sobre determinado assunto.

2

"Menos" ou "Menas"?

"Menas" não existe. Mesmo referindo-se a palavras femininas, use sempre menos. Havia menos pessoas hoje do que ontem.

#ficadica

"Media" ou "Medeia"?

Há quatro verbos irregulares com finaliar: mediar, ansiar, incendiar e odiar, todos se conjugam como "odiar": medeio, anseio, incendeio e odeio. Portanto, o correto é dizer: "Ele sempre medeia os debates daquela emissora."

"Chego" ou "Chegado"?

Embora alguns verbos tenham dupla forma de particípio (Exs: imprimido/impresso, frito/fritado, acendido/aceso), o único particípio do verbo chegar é chegado. Chego é 1ª pessoa do Presente do Indicativo. Exs: Eu sempre chego cedo. / Ele havia chegado atrasado na semana passada.

"Faz" ou "Fazem"?

No sentido de tempo decorrido, o verbo "fazer" é impessoal, ou seja, só é usado no singular. Ex: Faz cinco anos que trabalho nesta empresa. Em outros sentidos, concorda com o sujeito. Ex: Eles fizeram um bom trabalho.

6. *"Bateu" ou "Bateram" dez horas?*

Os verbos dar, bater e soar concordam com as horas. Portanto: "Bateram dez horas." Porém, se houver sujeito: "O sino bateu dez horas."

"Obrigado" / "Obrigada"

7

Homens devem dizer obrigado. Mulheres dizem obrigada. Exs: "Obrigada. – disse ela." / "Muito obrigadas! – disseram as garotas ao professor."

"Quite" / "quites"

Deve concordar com o substantivo a que se refere. "Estou quite com a Receita Federal." "Eles deixaram as promissórias quites."

"Mal" / "Mau"

Mal opõe-se a bem. Mau opõe-se a bom. Assim: mal-humorado, mal-intencionado, mal-estar, maus-tratos, mau-caráter. Exs: O goleiro estava mal posicionado. O chefe está sempre de mau humor.

"Entre eu e você" ou "Entre mim e você?"

O correto é: "Não há nada entre mim e você, só amizade." Eu é pronome pessoal do caso reto e só pode ser usado na função de sujeito. Nesse caso, é necessário um verbo no infinitivo, como no caso: "Não há nada entre eu pagar e você usufruir também."

A par / ao par

11

A par / ao par

Use "ao par" somente para equivalência cambial. Ex: "Há muito tempo, o dólar e o real estiveram quase ao par." No sentido de estar ciente, o correto é "a par". Ex: "Ele já está a par do ocorrido."

12

"Há dois anos" ou "Há dois anos atrás"?

É redundante dizer "Há dois anos atrás". Há duas formas corretas: "Há dois anos..." ou "Dois anos atrás..."

#ficadica

13. *"Aceita-se"* ou *"Aceitam-se"* encomendas?

O correto é "Aceitam-se encomendas.", "Vendem-se carros.", "Alugam-se casas." A presença da partícula apassivadora "se" exige que o verbo transitivo direto concorde com o sujeito.

"Supérfulo" ou "supérfluo"?

O correto é supérfluo. Embora tenhamos muitas vezes ouvido outra pronúncia, "supérfulo" não existe. Supérfluo significa demais, inútil, desnecessário. Ex: Seus lamentos foram supérfluos.

"A pouco" / "há pouco"

Nesse caso, "a" e "há" são expressões de tempo. Há indica tempo decorrido, passado. "A" é usado para indicar tempo futuro. Exs: Ele partiu há pouco. O gerente chegará daqui a pouco.

"Acerca de" / "a cerca de"

Acerca de significa "a respeito de". **A cerca de** indica aproximação.
Exs: Estavam discutindo acerca de política. Eu trabalho a cerca de 5 km daqui.

"Estada" / "estadia"

O termo estadia é usado para veículos em geral. A palavra estada é usada para pessoas. Embora haja muita confusão sobre isso, observe os exemplos: Minha estada em Paris foi incrível! Esse estacionamento cobra caro a estadia de vans.

"Perca" / "perda"

Perca é verbo e perda é substantivo. Exs: Não perca as esperanças! Essa perda foi irreparável.

"Em vez de" / "ao invés de"

Em vez de é usado como substituição. Ao invés de é usado como oposição. Exs: Em vez de fazermos uma caminhada, resolvemos nadar. Subimos, ao invés de descer.

"Tilintar" / "tiritar"

Tilintar significa soar e tiritar é tremer de frio ou de medo. Exs: O bebê tiritava de frio. A campainha tilintou durante o jantar.

"Esquecer" / "Esquecer-se de"

O verbo **esquecer** só é usado com a preposição **de** (de – da – do) quando vier acompanhado de um pronome oblíquo (me, te, se, nos, vos). Exs: Eu **me** esqueci **de** você. Eu esqueci você.

"Segmento" / "Seguimento"

Segmento é sinônimo de seção, parte. **Seguimento** é o ato de seguir. Exs: O segmento de mercado mostrou-se propício a investimentos. O projeto de implantação da ciclovia não teve seguimento.

#ficadica

"Onde" / "Aonde"

Onde se refere a um lugar em que alguém ou alguma coisa está. Indica permanência. **Aonde** se refere ao lugar para onde alguém ou alguma coisa vai. Indica movimento, sugerindo a ideia de um destino. Exs: Você sabe onde fica essa rua? Ainda não sabemos aonde iremos.

"A fim" / "Afim"

A locução **a fim de** indica ideia de finalidade. Afim é um adjetivo e significa semelhança. Exs: Nós viemos a fim de discutir o projeto. Eles têm ideias afins.

"Senão" / "Se não"

Senão significa "a não ser", "caso contrário". Também tem o sentido de "porém". **Se não** é usado nas orações subordinadas condicionais. Exs: Nada fazia senão reclamar. Ele era um bom funcionário, só havia um senão: chegava atrasado. Se não chover, iremos à praia.

"De mais" / "demais"

De mais opõe-se a de menos. **Demais** significa excessivamente; também pode significar "os outros". Alguns possuem regalias de mais; outros de menos. Você trabalha demais! Os demais jogadores treinarão amanhã.

"Clipe" ou "clipes"?

Clipe é aquela peça de metal usada para prender folhas. Criado pelo norueguês Johann Vaaler e patenteado na Alemanha, é conhecido como clip (pl. clips) nos países de língua inglesa. No Brasil, deve ser chamado de clipe (pl. clipes).

"Fim de semana" ou "final de semana"? 28

Fim é o contrário de início. **Final** é o contrário de inicial.
Portanto: fim de semana; fim de jogo; parte final.

"Através" ou "por meio"?

29

A locução **através** de expressa a ideia de atravessar. **Por meio** significa "por intermédio". Exs: Olhava através da janela. Os senadores sugerem que, por meio de lei complementar, os convênios sejam firmados com os estados.

"A princípio" / "Em princípio"

A princípio equivale a "no início". Em princípio significa "em tese". Exs: Achamos, a princípio, que ele estava falando a verdade. Em princípio, todo homem é igual perante a lei.

"Ao meu ver" ou "A meu ver"?

O correto é "A meu ver". A outra forma não existe. Portanto: a meu ver, a nosso ver. Ex: A meu ver, o evento foi um sucesso.

32

"Chegar em" ou "Chegar a"?

Verbos de movimento exigem a preposição "a".
Ex: Os atletas chegaram a Curitiba na noite passada.

#ficadica

"Chove" ou "Chovem"?

Quando indica um fenômeno natural, o verbo chover é impessoal e fica sempre no singular. No sentido figurado, faz-se a flexão verbal.
Ex: Choveu a noite toda. Choveram vaias aos políticos.

"Por hora" / "Por ora"

A expressão "por hora" refere-se a tempo. "Por ora" expressa o sentido de "por enquanto". Exs: O carro estava a 140 km por hora quando bateu no poste. Por ora, não posso responder.

"Implicar" / "Implicar com" / "Implicar em"

No sentido de acarretar, o verbo **implicar** não exige preposição. No sentido de ter implicância, a preposição exigida é **com**. Quando se refere a comprometimento, deve-se usar a preposição em. Exs: O acidente implicou várias vítimas. Ele sempre implicava com os filhos. Ela implicou-se nos estudos e passou no concurso.

"Retificar" / "Ratificar"

Ratificar significa confirmar, comprovar. Retificar refere-se ao ato de corrigir, emendar. Exs: Os fatos ratificaram nossas previsões. Vou retificar os dados da empresa.

37

"Somos" ou "Somos em"?

Não há necessidade de empregar a preposição "em". Ex: Somos cinco auditores na empresa.

38
"Meio-dia e meio" ou "Meio-dia e meia"?

O correto é **meio-dia e meia**, pois o numeral fracionário concorda em gênero com a palavra hora.

"Meu óculos" ou "Meus óculos"?

As palavras ligadas ao substantivo "óculos" devem concordar com ele no plural. Ex: Perdi meus óculos.

"Remição" / "Remissão"

Remição significa resgate oneroso de alguma coisa. **Remissão** significa perdão, renúncia. Exs: A remição da dívida foi feita no prazo estipulado. Foi-lhe concedida a remissão da dívida.

"Onde" / "Em que"

A palavra **onde** é um advérbio de lugar e, portanto, não deve ser usada em outros sentidos. Nesse caso, utilize a expressão **em que**. Exs: Paris é uma cidade onde vivi muitas aventuras. Participei da reunião em que (ou na qual) foram tomadas várias decisões sobre os benefícios dos trabalhadores.

42

"É proibido" / "É proibida"

Só concorda com o substantivo se estiver determinado, ou seja, acompanhado, por exemplo, de artigo, pronome demonstrativo, pronome possessivo. Exs: É proibida a entrada de estranhos. Aquela pimenta é boa. É proibido entrada de estranhos. Pimenta é bom para a saúde.

#ficadica

"O grama" / "A grama"

Grama plantada no jardim é feminino. Grama, quando se refere a peso, é masculino. Exs: Comprei duzentos gramas de presunto. A grama está sentido a falta de chuva.

"Prefiro... do que" ou "Prefiro... a"?

A regência do verbo preferir é a seguinte: "Preferír algo a alguma outra coisa.". Ex: Prefiro carne branca a carne vermelha.

"Existe" ou "Existem" problemas?

O verbo **existir** admite o plural, pois, diferentemente do verbo haver, não é impessoal. Exs: Existem muitos problemas nesta empresa. Há muitos problemas aqui.

"A prazo" ou "À prazo"?

Não existe crase antes de palavra masculina, exceto que esteja subentendida a palavra moda. Portanto: a prazo, a pé, a cavalo, a bordo. Salto à (moda de) Luís XV.

"Visar" / "Visar a"

O verbo **visar** no sentido de mirar ou dar visto não exige preposição. Exs: Eles visaram o alvo. O gerente do banco visou o cheque do cliente.

O verbo **visar** no sentido de almejar pede a preposição a. Ex: Ele visava ao cargo de gerente. Ela visa a uma vida melhor.

Obs: Quando anteceder um verbo, dispensa-se a preposição "a". Ex: Elas visavam viajar para o exterior.

"Assistir o" / "Assistir ao"

O verbo assistir no sentido de ajudar dispensa a preposição "a". Entretanto, no sentido de ver, exige a preposição "a". Exs: O médico assiste os doentes. Ele assistiu ao filme "Trapaça".

"Responder o" ou *"Responde ao"*?

A regência do verbo responder, no sentido de dar a resposta a alguém, é sempre indireta, ou seja, exige a preposição "a". Ex: Ele não respondeu ao meu e-mail.

"Tão pouco" / "Tampouco"

Tão pouco corresponde a "muito pouco". **Tampouco** corresponde a "também não", "nem sequer". Exs: Trabalhamos muito e ganhamos tão pouco". Não compareceu ao trabalho, tampouco justificou sua ausência.

"Vem" / "veem"

Vem corresponde ao verbo VIR, na 3ª pessoa do singular do presente do Indicativo. Ex: Ele vem aqui todos os dias. **Veem** corresponde ao verbo VER, na 3ª pessoa do plural do presente do Indicativo. Ex: Eles veem os colegas todas as semanas.

"A nível de" / "Em nível de"

O uso de "a nível de" está correto quando a preposição "a" está aliada ao artigo "o" e significa "à mesma altura". A expressão "Em nível de" deve ser usada quando se refere a "de âmbito". Exs: Estava ao nível do mar. A pesquisa será realizada em nível de direção.

#ficadica

"Anexo / Anexa"

Anexo é adjetivo e deve concordar em gênero e número com o substantivo a que se refere. Exs: Segue anexa a carta de apresentação. Seguem anexos os documentos solicitados. Obs: Muitos gramáticos condenam a locução "em anexo"; portanto, dê preferência à forma sem a preposição.

"Despercebido" / "Desapercebido"

Despercebido significa sem atenção. **Desapercebido** significa desprovido, desprevenido. Exs: As mudanças passaram despercebidas. Ele estava totalmente desapercebido de dinheiro.

"Descriminar" / "Discriminar"

Descriminar significa absolver, inocentar. **Discriminar** significa separar, diferenciar. Exs: O juiz descriminou o jovem acusado. Os produtos estão discriminados na nota fiscal.

"Eminente" / "Iminente"

Eminente quer dizer alto, notável. **Iminente** significa prestes a acontecer. Pedro é uma figura eminente na empresa. O risco de o parlamentar ser cassado é iminente.

"Precisa-se" ou "Precisam-se"?

Nesse caso, a partícula "se" tem a função de tornar o sujeito indeterminado. Quando isso ocorre, o verbo permanece no singular. Exs: Precisa-se de operários, Necessita-se de profissionais competentes.

"Seção" / "Sessão" / Cessão

Seção significa divisão de repartições públicas, parte de um todo, departamento. **Sessão** significa espaço de tempo de uma reunião deliberativa ou de um espetáculo. **Cessão** refere-se ao ato de ceder. Exs: A seção deste projeto será analisada. A sessão demorou a começar, mas o filme valeu a pena. A cessão dos direitos autorais desta obra criou polêmica.

"Meio" / "Meia"

Como numeral (=metade), deve concordar com o substantivo a que se refere. Como advérbio (=um pouco), é invariável. Exs: Ele comprou meia melancia. Ela estava meio nervosa naquela noite.

"Viagem" / "Viajem"

Viagem é substantivo. Viajem é a flexão do verbo "viajar" no Presente do Subjuntivo e no Imperativo. Exs: Fiz uma linda viagem. Espero que eles viajem amanhã.

"Namorar alguém" ou "Namorar com alguém"?

A regência do verbo namorar não admite preposição. Portanto, o correto é dizer "Maria namora Paulo."

62

"Aspirar" / "Aspirar a"

O verbo **aspirar** no sentido de sorver não admite preposição em sua regência. **Aspirar**, no sentido de almejar, exige a preposição a. Exs: Ele aspirou o pó da estrada. Eles aspiram ao cargo de gerente nesta empresa.

#ficadica

"Na medida em que" / "À medida que"

Na medida em que equivale a "porque". **À medida que** estabelece relação de proporção e pode ser substituído por "à proporção que". Exs: É melhor comprar à vista na medida em que os juros estão altos. O nível dos jogos melhora à medida que o time fica entrosado.

"Tem" / "Têm"

Tem refere-se à 3ª pessoa do singular do verbo "ter" no Presente do Indicativo. **Têm** refere-se ao mesmo tempo verbal, porém na 3ª pessoa do plural. Exs: Ela tem sempre boas ideias. Eles têm feito o que podem nesta empresa.

Como abreviar Horas e Distâncias?

As abreviações do sistema decimal não têm plural nem ponto.
Assim: 10h, 20h45, 5 km, 8 m.

"Online" ou "on-line"?

O "VOLP" – Vocabulário Ortográfico da Língua Portuguesa – registra "on-line" com hífen.

"Misto" ou "Mixto"?

A forma mixto não existe. Portanto, grafa-se "misto quente", "sorvete misto".

A palavra *curriculum vitae* já foi aportuguesada?

A expressão é latina e significa "carreira de vida". Já foi aportuguesada: currículo. Exs: O candidato deve apresentar seu curriculum vitæ (ou currículo).

"Interviu" ou "Interveio"?

Interveio é a forma correta – 3ª pessoa do singular do Pretérito Perfeito do Indicativo do verbo intervir. Significa interferir, participar, interceder. Ex: A diretora interveio na sala de aula.

"Sob" / "sobre"

Sob significa "embaixo de" e também é usado em expressões como "sob nova direção", "sob comando". **Sobre** significa "a respeito de" e também "em cima". O país estava sob o domínio das tropas inimigas. Conversaram sobre política. Colocou a cabeça sobre a almofada.

Hífen com prefixos pós / pré / pró

Segundo o Novo Acordo Ortográfico, usa-se hífen com os prefixos pós, pré e pró. Exs: pós-graduação, pré-vestibular, pró-europeu.

"Este / Esse / Aquele"

Para indicar lugar:

"Este aqui." (perto do emissor)

"Esse aí." (perto do receptor)

"Aquele lá." (distante)

No discurso:

"Estes itens." (Você ainda irá citar.)

"Esses itens." (Você já citou.)

#ficadica

"Exceção" ou "Excessão"?

O correto é **exceção**. Cuidado para não confundir com excesso.
Ex: Toda regra tem exceção.

"Para mim" ou "Para eu" fazer?

Eu é pronome pessoal do caso reto e é utilizado quando assume a função de sujeito. Portanto, "para eu" deve ser usado quando se referir ao sujeito da frase e for seguido de um verbo no infinitivo.
Ex: Era para eu fazer a apresentação, mas tive de me ausentar.

Hífen com prefixos ex / sem / recém / vice.

Segundo o Novo Acordo Ortográfico, usa-se hífen com os prefixos ex, sem, recém, vice. Exs: ex-prefeito, sem-terra, recém-nascido, vice-presidente.

"10 a 20 de março" ou *"10 à 20 de março"?* 76

Dizemos "De 10..." (e não "Da 10..."). Percebe-se que não há artigo combinado com a preposição **de**; portanto, também não haverá artigo no passo seguinte, estando correto "de tal dia **a** tal dia", sem crase. Ex: Viajaremos de 15 a 20 de novembro.

"Isar" / "izar"

77

Escrevem-se com "s" (=isar) os verbos derivados de palavras que já têm o "s". Portanto: análise – analisar / aviso – avisar / paralisia – paralisar.

Escrevem-se com "z" (=izar) os verbos derivados de palavras que não têm "s". Portanto: fértil – fertilizar / legal – legalizar / ameno – amenizar.

"Mas" / "Mais"

Mas é conjunção adversativa e significa "porém". **Mais** é advérbio de intensidade, antônimo de "menos". Exs: Gostaria de ter viajado, mas tive um imprevisto. Adicione mais açúcar se quiser.

Crase na indicação de páginas.

No exemplo: "Vocês deverão fazer a leitura da página 5 à 23.". A palavra "página" está implícita após o "à", o que justifica a fusão da preposição "a" com o artigo "a", referente ao substantivo feminino "página".

80

Como ficam os acentos em nomes próprios com o Novo Acordo Ortográfico?

No texto oficial do Acordo Ortográfico aparece: "Para ressalva de direitos, cada qual poderá manter a escrita que, por costume ou registro legal, adote na assinatura de seu nome. Com o mesmo fim, pode manter-se a grafia original de quaisquer firmas comerciais, nomes de sociedades, marcas e títulos inscritos em registro público". Portanto, deve-se respeitar o registro de nome ou sobrenome que tenha algum acento, como "Andréia".

No entanto, nomes e sobrenomes de pessoas mortas serão grafados de acordo com a ortografia vigente. Nomes de ruas, bairros e cidades devem ser grafados, também, segundo o Novo Acordo.

"1,5 milhão" ou "1,5 milhões"?

A unidade "milhão" só é flexionada para o plural a partir do segundo milhão, ou seja, 2 milhões. Portanto, deve-se observar o número que antecede a vírgula e lembrar que numerais como "milhão", "bilhão" e "trilhão" devem concordar com esse número. Exs: 1,8 bilhão, 3,25 trilhões.

82

Paguei "o médico" ou "ao médico"?

O verbo "pagar" exige dois complementos – um deles acompanhado de preposição (pessoa) e o outro sem preposição (coisa). Assim: Paguei (a consulta) ao médico.

#ficadica

"Comprimento" / "Cumprimento"

Medida é comprimento (com "o"). Cumprimento (com "u") vem do verbo "cumprir". Também significa saudação. Exs: O comprimento da saia está bom. Eles firmaram o compromisso com um cumprimento. O não cumprimento das cláusulas implicará multa.

"Traz" / "Trás"

Traz é a conjugação do verbo "trazer" na 3ª pessoa do singular do Presente do Indicativo. **Trás** significa parte posterior. Exs: Ela sempre traz balas para a filha. Ele olhou para trás e viu o vulto.

Como grafar siglas?

- Siglas com até três letras são grafadas só com maiúsculas: CD, OAB, CEP.
- Siglas com quatro ou mais letras pronunciadas separadamente, todas devem ser maiúsculas: IPVA, BNDES.
- Siglas com quatro ou mais letras pronunciadas como se fosse uma palavra, somente a primeira será maiúscula: Senai, Unesco.

"Ter de" / "Ter que"

Embora não haja consenso entre os estudiosos da Língua Portuguesa, podemos fazer a seguinte generalização: Deve-se empregar "ter de" em textos formais e "ter que" em textos informais. Exs: Sr. Paulo, tenho de entregar seus relatórios. Tenho que ir ao mercado.

"A partir" ou "À partir"?

Não há crase antes de verbo. Portanto, a forma correta é "a partir", sem acento grave. Ex: A partir da próxima semana, não será permitida a entrada de animais neste setor.

"À custa de" ou "Às custas de"?

O correto é a forma no singular "à custa de". Ex: Ele vive à custa dos pais.

"As milhares" ou "Os milhares" de pessoas?

Segundo o dicionário Houaiss, "milhar" é substantivo masculino. Portanto, a forma no plural é "os milhares". Ex: Os milhares de pessoas que estavam no estádio aplaudiram o belo gol.

"Basta" ou "Bastam" algumas palavras?

O verbo **bastar** não é impessoal, ou seja, concorda com o sujeito. Portanto, o correto é: Bastam algumas palavras.

Falou "a todos" ou "à todos"?

Não há crase antes de pronomes indefinidos (muitos, poucos, nenhuma, todos, pouca, alguma). Ex: Não foram a nenhuma região de vinícolas.

92

"Deve haver" ou "Devem haver" muitos motivos?

O verbo **haver**, no sentido de existir, é impessoal, ou seja, só é usado no singular. Quando acompanhado de um verbo auxiliar, no caso, "deve", este também torna-se impessoal. Ex: Deve haver muitas pessoas naquele auditório.

#ficadica

"Bem-vindo", "Bem vindo" ou "Benvindo?

Segundo o Vocabulário Ortográfico da Língua Portuguesa – Volp, elaborado pela Academia Brasileira de Letras, o correto é **Bem-vindo**. As demais grafias não são aceitas. Ex: Bem-vindo à vida de casado!

"Em baixo" / "Embaixo"

Em baixo é adjetivo. **Embaixo** é advérbio de lugar. Exs: Falavam em baixo tom. O documento estava embaixo do móvel.

Casos de crase facultativa.

> Diante de nomes próprios femininos. Ex: Enviei um e-mail a (à) Maria.
> Após a preposição até. Ex: Vou até a (à) faculdade.
> Diante de pronomes possessivos. Ex: Vamos a (à) sua casa ou a (à) minha?

"Me machuquei" ou "Machuquei-me"?

Quando se trata de colocação pronominal, a regra é clara: No início da oração, use obrigatoriamente a ênclise, ou seja, o pronome pessoal oblíquo (me, te, se, nos, vos, lhes) deve vir após o verbo. Portanto, o correto é "Machuquei-me". Ex: Disseram-me alguns segredos naquela noite.

"Voo" ou "Vôo"?

O Acordo Ortográfico eliminou o acento circunflexo no primeiro "o" do hiato final "oo". Assim: voo, coo, zoo, perdoo, magoo, abençoo etc.

"Vamos verificar" ou "Vamos estar verificando"?

É chamado de "gerundismo" o uso abusivo do gerúndio com verbos auxiliares (ir + estar) para expressar ações futuras. Esse tipo de construção passa ao interlocutor uma postura de não comprometimento e, por isso, deve ser evitado. Portanto, nesse caso, o correto é "Vamos verificar sua situação." ou "Verificaremos sua situação."

Crase entre palavras iguais.

Não há crase diante de palavras repetidas: face a face, cara a cara, dia a dia, lado ao lado.

"Estender" ou "Extender"?

O correto é estender, que significa prolongar, alongar, alargar. Extender não existe. Ex: A reunião se estendeu além do tempo previsto.

"Mandado" / "Mandato"

Mandado é uma ordem escrita de certas autoridades. **Mandato** é procuração, delegação, poderes políticos que o povo outorga, pelo voto, a um cidadão. Exs: Ele expediu um mandado de segurança. O prefeito cumpriu apenas três anos de seu mandato.

LIVRO DE ANOTAÇÕES – COM 101 DICAS DE PORTUGUÊS

Grafia atualizada segundo o Acordo Ortográfico da Língua Portuguesa de 1990, que entrou em vigor no brasil em 2009.

Todos os direitos reservados. Nenhuma parte deste livro pode ser reproduzida, sob qualquer forma, sem prévia autorização dos editores.

PUBLISHER: CLAUDIO VARELA
PUBLISHER: EDNALDO VARELA (ADO)

EDITOR: Claudio Varela
PRODUÇÃO EDITORIAL: Hunter Books
CAPA E PROJETO GRÁFICO: Lumiar Design
REVISÃO: Equipe Hunter Books

DADOS INTERNACIONAIS DE CATALOGAÇÃO NA PUBLICAÇÃO (CIP)
(Elaboração: Aglaé de Lima Fierli CRB– 9/412)

C937L	Cremaschi, Rosângela, 1963 – Livro de anotações: com 101 dicas de português / Rosângela Cremaschi; -- São Paulo: Hunter Books, 2014. 208p. : Il. ; 12x17 cm.
	1. Língua portuguesa – Escrita. 2. Língua portuguesa – Dicas. I. Título. II.
	CDD 469.

INDICE PARA CATÁLOGO SISTEMÁTICO

Língua portuguesa : Dicas   469.
Língua portuguesa : Escrita   469.

IMPRESSO NO BRASIL
PRINTED IN BRAZIL

Direitos cedidos de edição à Hunter Books Ltda.
www.hunterbooks.com.br
www.editorahb.com.br
editorial@editorahb.com.br

Páginas: 208
Composição: Lumiar Design